CATALOGUE

(N° 2

DE

PORTRAITS

ANCIENS ET MODERNES

DE PETIT FORMAT

POUVANT SERVIR A L'ILLUSTRATION

DES LIVRES

VENTE

Les Vendredi 11 et Samedi 12 Novembre 1881

Mᵉ Maurice **DELESTRE**
COMMISᵗᵉ-PRISEUR
Rue Drouot, n° 27

M. **DUPONT** aîné
MARCHAND D'ESTAMPES
Rue de Seine, n° 21

PARIS — 1881

CATALOGUE (N° 2)

DE

PORTRAITS

ANCIENS ET MODERNES

DE PETIT FORMAT

Portraits d'auteurs, de Personnages historiques
et de Femmes célèbres

POUVANT SERVIR A L'ILLUSTRATION

DES CLASSIQUES

LETTRES DE Mme DE SÉVIGNÉ — MÉMOIRES DE SAINT-SIMON
SIÈCLE DE LOUIS XIV, ETC., ETC.

Un grand nombre sont Avant la lettre et à l'état d'Eau-forte

DONT LA VENTE AURA LIEU

HOTEL DES COMMISSAIRES-PRISEURS

RUE DROUOT, 9, SALLE N° 4

AU PREMIER ÉTAGE

Les Vendredi 11 et Samedi 12 Novembre 1881

A UNE HEURE ET DEMIE PRÉCISE

———

Par le ministère de Me **MAURICE DELESTRE**, Commissaire-Priseur,
rue Drouot, 27,

Assisté de **M. DUPONT** aîné, marchand d'Estampes,
rue de Seine, 21.

———

PARIS — 1881

ORDRE DES VACATIONS

Vendredi 11 Novembre

Portraits......................... N^{os}   1 à 249
Portraits par noms de personnages.   250 à 279

Samedi 12 Novembre

Portraits par noms de personnages.   N°s 280 à 556

CONDITIONS DE LA VENTE

Elle sera faite au comptant.

Les Acquéreurs paieront CINQ POUR CENT en sus du prix d'adjudication, applicables aux frais.

DÉSIGNATION

ALIX (P.-M.)

1 — Bossuet, d'après Rigault, in-fol. en couleur. Très belle épreuve, grande marge.

2 — Fénelon d'après Vivien. Belle épreuve in-fol. en couleur, grande marge.

ALLAIS

3 — Mme de Grignan, d'après Mme Colin, in-8, belles épreuves sur chine et sur blanc. 2 pièces toutes marges.

4 — J.-B^{te} Rousseau d'après Aved, in-12, eau-forte pure. — Le même avant la lettre. 2 pièces remargées.

AUDRAN (J.)

5 — Louis XIV. In-8 avec entourage. Très belle épreuve. Rare.

BENOIST (G.-Ph.)

6 — Montesquieu. In-12, très belle épreuve, grande marge. — Autre par le même, in-8. — Autre par Lebeau, in-8. — 3 pièces.

BERTONNIER

7 — Montaigne (Michel de). Très belle épreuve avant
la lettre sur chine, in-12, grande marge. — Le même
avant la lettre sur blanc, remargé. 2 pièces.

BERTONNIER et autres

8 — Quatorze Portraits et six Vignettes tirés des
Oraisons funèbres. 20 pièces.

BIOSSE (G.-L.)

9 — J.-F. Regnard, poëte comique, in-12. Très belle
épreuve toutes marges.

BONNEVILLE

10 — Portraits divers. 25 pièces.

BONVOISIN

11 — Henri IV en pied d'après Desenne, in-8. Eau-forte
pure. — Le même portrait, très belle épreuve avant
la lettre sur chine, marge in-4. 2 pièces.

BOUTROIS

12 — Armande Béjart (Mme Molière), d'après un dessin
du cabinet la Mesengère, in-8, avant la lettre.

BRADEL (P.)

13 — Blaise Pascal, d'après Quesnel. Très belle épreuve
remargée. Autre chez Crépy, marges. 2 pièces.

CATHELIN

14 — Louis XIV d'après Rigaud, grand in-8. Très belle épreuve.

15 — Molière d'ap. Mignard, in-12. Belle épreuve remargée. — Autre par Duflos d'après Bourdon. 2 pièces.

16 — Le même personnage, in-8. Épreuve du 1ᵉʳ état de la retouche de Leclère, avec la tablette blanche. — Autre épreuve plus avancée, la tablette blanche. 2 pièces.

CAZENAVE

17 — Cottin (l'abbé). Épreuve avant la lettre, grande marge. — Le même avec la lettre. 2 pièces.

CERONI

18 — Grignan (le comte de) d'après Petitot. Très belle épreuve avant la lettre sur chine.

CHEREAU (F.)

19 — Bossuet, d'après Rigaud, in-8, toutes marges.

CHEREAU (Chez la veuve de F.)

20 — Voltaire, d'après La Tour, in-4. Très belle épreuve, marges.

CHÉREAU (J.)

21 — Mᵐᵉ de Sévigné, in-8. Très belle épreuve, remargée.

CHOFFARD (P.-P.)

22 — Le duc de La Rochefoucauld, d'après Petitot.
• Belle épreuve remargée.

23 — Charles Palissot, in-8. Belle épreuve toutes marges.

CONQUY

24 — Henri IV, dessiné par Dupont, in-8, eau-forte
pure, toute marge. — Le même avec la lettre. 2 pièces.

COUCHÉ fils

25 — Bonaparte; au dessous un sujet représentant la
revue du premier consul. — Napoléon Ier; avec les
Adieux de Fontainebleau. 2 pièces avant la lettre,
toutes marges.

26 — Bossuet, d'apr. Rigaud, in-8, avant la lettre,
marge.

CRÉPY (A Paris, chez)

27 — Henri-François d'Aguesseau. — Marc-Réné de
Voyer d'Argenson. 2 pièces, belles épreuves grandes
marges.

28 — Louis le Grand, in-8, avec entourage ornementé.
Belle épreuve, très grandes marges.

DAMBRUN

29 — Ninon de Lenclos, d'après Ferdinand, in-12, eau-
forte pure, remargée. — Le même terminé avec
quatre vers, toute marge. 2 pièces.

DAULLÉ (J.)

30 — Fénelon, d'après Vivien, in-8. Très belle épreuve
remargée à claire-voie. — Autre par B. Picart. —
Autre par Desrochers, rem. 3 pièces.

D'ELVAUX

31 — Bossuet, d'apr. Rigaud, in-12. Très belle épr.
toutes marges.

32 — Fénelon, d'après Vivien, in-12. Très belle épreuve
toutes marges. — Autre par N. De Launay. 2 pièces.

33 — C. Fleury, d'après Gobert, in-8. Très belle épr.
avant la lettre, marge. Le même avec la lettre,
remargé. 2 pièces.

34 — La Bruyère, d'après de Saint-Jean. Très belle
épreuve. — Autre par Bovinet, avant la lettre.
2 pièces in-12, remargées.

35 — Jean-B^{te} Rousseau, d'après Aved, in-8. Très belle
épreuve avant la lettre. — Le même avec la lettre
sur chine. 2 pièces.

36 — Le même personnage, in-12. — Autre gravé en
contre-partie par N. De Launay. 2 pièces, belles
épreuves remargées.

37 — Mme de Sévigné, in-12. Très belle épreuve remargée.

38 — Le même personnage, portrait en contre-partie
du précédent, sans noms d'auteurs. Très belle
épreuve remargée. Très rare.

DEQUEVAUVILLER

39 — D'Aguesseau, avant la lettre sur chine et sur blanc. — Mélanchton, avant la lettre sur chine. 3 pièces in-12, marge in-8.

40 — Le grand Condé, d'après Deveria, in-8, eau-forte pure. — Le même avant la lettre, tablette blanche, sur chine et sur blanc. Trois pièces, marges in-4.

41 — Fénelon, avec scène en bas, où il est représenté ramenant une vache à de pauvres paysans. Très belle épreuve, eau-forte pure, grandes marges. — Le même avec la lettre, remargé. 2 pièces.

42 — Frayssinous (l'abbé de), in-8. Très belle épreuve avant la lettre, toutes marges, rare.

43 — Henri IV, d'après Porbus, in-8, eau-forte pure. Le même portrait, lettre grise. 2 pièces, toutes marges.

44 — Louis XIV, d'après Rigaud, in-12, eau-forte pure. — Le même terminé avant la lettre. Deux pièces, grandes marges.

45 — Clément Marot, d'après Laguiche, in-8, avant la lettre sur chine. Très belle épr., marge in-4.

46 — Massillon, d'apr. Deveria, in-8, avant la lettre sur chine. — Le même avec la lettre. 2 pièces.

47 — Molière, in-12, eau-forte pure. — Le même terminé. 2 pièces remargées.

48 — J.-B^{te} Rousseau, d'après de la Guiche, in-12. Très belle épreuve sur papier de Chine. — Le même sur blanc. 2 pièces, gr. marges.

DEQUEVAUVILLER, BERTONNIER et GARNIER

49 — Bourdaloue. — Henriette de France. — Turenne,
in-8. 3 pièces tirées des Oraisons funèbres. Très
belles épreuves, lettres grises, marges in-fol.

DESROCHERS

50 — Jean Claude, ministre de Charenton. — Autre
par Dupin, avec l'adresse d'Odieuvre. 2 pièces,
marges.

51 — Jacq.-Nicolas Colbert, archevêque de Rouen, in-8.
Très belle épreuve, grandes marges.

52 — Antoine Furetière, de l'Académie française. Très
belle épreuve, grandes marges.

53 — Étienne Le Camus, évêque de Grenoble. Très
belle épr., grande marge. — Autre par J. Blondeau,
in-4. — Autre in-4 rogné à l'ovale. 3 pièces.

54 — Le Maistre de Sacy, traducteur de la Bible, d'apr.
Ph. de Champagne. Très belle épreuve, grande
marge.

55 — Le Nain de Tillemont, in-8. — Autre par Gaillard
avec l'adresse d'Odieuvre. 2 pièces, belles épreuves,
grandes marges.

56 — Le P. Le Tellier, confesseur de Louis XIV. Très
belle épreuve, grande marge.

57 — François Malherbe. Très belle épreuve. — Autre :
Enfin Malherbe vint ; sans noms d'auteurs, remargé.
2 pièces.

58 — Gilles Ménage. Très belle épr., grande marge. —
Autre par Nanteuil avec l'adresse d'Odieuvre. 2 pièces.

DESROCHERS

59 — Philippe de France, duc d'Orléans, frère de Louis XIV. — La duchesse d'Orléans. 2 pièces in-8, marges.

60 — Philippe d'Orléans, régent, in-8. Très belle épr. remargée. — Françoise-Marie de Bourbon, duchesse d'Orléans, sa femme, in-8, toute marge. 2 pièces.

61 — Ch. de Saint-Denis de Saint-Évremont. Très-belle épreuve, grandes marges.

DESROCHERS, exc.

62 — Bavière (Henriette-Adélaïde de Savoie, duchesse de). Très belle épreuve, grande marge. Rare.

DEVÉRIA (D'après)

63 — Catherine II en pied, par N. Lecomte. — Pierre Ier. — 2 pièces in-8, eaux-fortes pures.

64 — Henri, marquis de Sévigné, par Jehotte. — Mme de Simiane, par N. Lecomte. — L'abbé de Coulanges, par Sisco. 3 pièces in-8. Très belles épreuves avant la lettre sur chine, marge in-4.

65 — Suite complète de 25 Portraits gravés pour une édition des Lettres de Mme de Sévigné. Belles épreuves, marges gr. in-8.

66 — Vingt Portraits, faisant partie de la même suite. Très belles épreuves tirées sur grand papier de Chine, marges in-4.

67 — Six Portraits de la même suite. Très belles épr. avant la lettre sur chine, la tablette blanche, marges in-4.

DIEN (C.-M.)

68 — Mlle de Blois, in-8. Belle épreuve. — Mgr le Dauphin C. V. de Bavière, dauphin de France. — Louis, duc de Bourgogne. — M. de Savoie, duchesse de Bourgogne, publ. par Blaise. 5 pièces, belles épreuves.

69 — Boileau Despréaux, d'après Rigaud, in-8. Très belle épreuve, toute marge.

70 — Sainte Chantal, in-8. — Autre par Marlier, avant la lettre. — Autre avec entourage, avant toutes lettres. 3 pièces.

71 — Denis Cochin. Très belle épreuve à l'eau-forte pure avant toutes lettres, in-8, grandes marges.

72 — Dusaulx. Très belle épreuve avant la lettre sur chine, grande marge.

73 — Mme de Grignan, d'apr. Mignard, in-12, à claire-voie. Très belle épreuve avec la lettre tracée. — Le même portrait avant la lettre, toutes marges. 2 pièces.

74 — Comte de Guitaud. — D'Héricourt. — Comte de Grignan. — De Pomponne. — Mme Cornuel. — Mlle de Scudéry. — Gilles Ménage. 7 pièces in-8, publ. par J.-J. Blaise, dont 6 avant les n^os, toutes marges.

75 — Henriette d'Angleterre. — Duc de Luxembourg. — Mme de Lafayette ; Louvois et autres. 11 pièces in-8, publ. par J.-J. Blaise.

76 — Jacques II, roi d'Angleterre, in-8. Très belle épreuve avant la lettre, la tablette blanche, gr. marge.

77 — Louis XIV, d'après Rigaud, in-8. Très belle épr., toute marge.

DIEN (C.-M.)

78 — Louvois (Anne de Souvré, marquise de), in-8,
avant toutes lettres, grandes marges. — Le même
avec la lettre. 2 pièces.

79 — Le duc de Luxembourg, in-8, avant toute lettre.
— Autre avec la lettre. 2 pièces.

80 — Malherbe, d'après Dumoustier, in-8, eau-forte
pure. — Le même avant toute lettre. — Le même
avec la lettre. 3 pièces, grandes marges.

81 — Henri, marquis de Sévigné, dessiné par Chateau-
bourg, in-8. Très belle épreuve à l'eau-forte pure,
toute marge. — Le même avec la lettre. 2 pièces.

82 — Simiane (Pauline de Grignan, marquise de),
d'après Largillière, in-8, avant toutes lettres, marge
in-4. — Le même portrait avec la lettre remargé.
2 pièces.

DIEN et MASQUELIER

83 — Charles, marquis de Sévigné. — J.-B. de Grignan,
coadjuteur d'Arles. 2 pièces in-8, toutes marges.

DUFLOS (Cl.)

84 — Bignon (Jean-Paul), abbé de Saint-Quentin, in-4,
d'après Rigaud. Épreuve avant toutes lettres, remargée.

85 — Jolyot de Crébillon, d'après Aved, in-8. Très belle
épreuve toute marge. — Autre in-8, chez Daumont.
2 pièces.

86 — Esprit Fléchier, d'après Rigaud, in-8. Très belle
épreuve, grandes marges.

87 — J.-F. de Gondy, cardinal de Retz, grand in-8.
Très belle épreuve, marge.

DUPONT (Henriquel)

88 — Alexandre Desenne, d'après Mourlan. Très belle épreuve, grandes marges.

89 — Molière en pied, assis, d'après Ingres, gr. in-8. Très belle épreuve sur chine.

90 — Montaigne, in-8, avant la lettre, sur chine. — Le même avec la lettre. 2 pièces.

DUPRÉEL

91 — La Fontaine. Très petit médaillon sur un titre de livre en caractères orientaux. — Autre un peu plus grand, marge in-8. 2 pièces.

92 — Alain-René Lesage, in-12, eau-forte pure. — Le même avec la lettre. 2 pièces remargées.

DUPUIS (N.)

93 — Clément XII, d'après Gravelot, tête de page in-8 en travers, hors texte. — Le même chez Daumont. in-8. — 2 pièces, belles épreuves, marges.

EDELINCK (G.)

94 — Jacques-Benigne Bossuet, d'après Rigault, in-fol. — Superbe épreuve, grandes marges. Collection Forster,

95 — Esprit Fléchier, évêque de Nîmes, d'après Rigaud, in-8. Très belle épreuve.

96 — Louise-Eugénie de Fontaine, religieuse de la Visitation, in-8, très belle épreuve. Très rare.

EDELINCK (N.)

97 — Nicolas Malebranche, d'après Santerre, in-4. Très belle épreuve.

ESNAULT et RAPILLY (Chez)

98 — Jean-Ch.-P. Lenoir, lieutenant général de police, in-8. Très belle épreuve, grandes marges.

ÉTHIOU (A.)

99 — Pierre Corneille, d'après Deveria, in-8, avant la lettre, marge in-4. — Le même avec la lettre. 2 pièces.

100 — La Fontaine. Très belle épreuve avant la lettre sur chine, in-8. — Autre par Jehotte, d'après Deveria, in-12, avant la lettre. 2 pièces.

101 — J. Racine, in-8, d'ap. Desenne.— Le même, avec entourage. 2 pièces, belles ép. sur chine.

FAUCHERY (A.)

102 — Pothier, jurisconsulte, d'ap. Deveria, in-8. Très belle ép. avant la lettre sur chine, marge in-4.

FESSARD (Ét.)

103 — Mme Cornuel, d'ap. Ferdinand. Très belle ép. avec l'adresse d'Odieuvre. grande marge.

104 — Mme de La Fayette, très belle ép. avec l'adresse d'Odieuvre. — Autre, chez J.-J. Blaise. — Autre, par Le Cœur. 3 pièces, grandes marges.

FICQUET

105 — Pierre Corneille, d'ap. Lebrun, sur papier vélin, toute marge. — Autre, gravé en contre-partie, par Droyer, belle ép., grande marge. 2 pièces.

106 — Joliot de Crébillon. Très belle ép. Marges.

107 — De La Mothe Fénelon, d'ap. Vivien. Très belle ép. Marge.

108 — Mlle de Fontanges, in-8, avec l'adresse d'Odieuvre. Très belle ép. Grande marge.

109 — Jean de LaFontaine. Très belle ép., dite au ruisseau blanc.

110 — Le même portrait. Belle ép., le ruisseau ombré.

111 — La Fontaine des Contes. Belle ép. remargée.

112 — La Mothe Le Vayer, d'ap. Nanteuil. Belle ép., marge.

113 — Mme de Maintenon, d'ap. Mignard. Très belle ép. sur papier double, grandes marges.

114 — Montaigne, d'ap. Dumoustier. Très belle ép. remargée.

115 — J.-B. Rousseau, d'ap. Aved. Très belle ép. remargée à claire-voie.

116 — Voltaire. — Descartes. — Mme de Maintenon. 3 pièces.

FLIPART (J.-J.)

117 — Mme Favart, d'ap. Cochin. Très belle ép. collée en plein.

FRILLEY

118 — Fénelon, d'ap. Colin. In-12 avant la lettre. — Le même, avec la lettre. 2 p. remargées.

GAUCHER (C.-S.)

119 — Le Prince de Condé, d'ap. Le Juste. In-12, belle ép.

120 — Fénelon, d'ap. Vivien, ovale, in-32, belle ép. remargée.

121 — Fénelon, d'ap. Vivien. In-12, avant la lettre.— Le même, avec la lettre remargé. 2 pièces.

122 — Le même portrait. In-12. Très belle ép. toutes marges. — Autre, in-8 remargé. 2 pièces.

123 — Ch. G. Lamoignon Malesherbes. In-8. Très belle ép., grandes marges.

124 — La Rochefoucauld, d'ap. Petitot, in-12, avant la lettre, tablette blanche, toute marge. — Le même avec la lettre. 2 pièces.

125 — Le même portrait avant la lettre. Très belle ép. légèrement coloriée et remargée, in-8.

126 — Blaise Pascal, d'ap. Ph. de Champagne. Très belle ép. remargée.

127 — J. Racine, d'ap. Santerre. In-8 avec quatre vers. — Autre, par Pierron. 2 pièces, belles ép.

GEOFFROY

128 — Molière, d'ap. un Portrait du temps, publié par l'Artiste. Très belle ép. sur chine.

GÉRAUT

129 — Henri IV, in-8. Eau-forte pure en ovale. — Le
même portrait, terminé en carré, avant la lettre.
2 pièces très belles, marges in-4.

GODEFROY

130 — Jean-Louis Laya, d'ap. Landry, in-8. Très belle
ép., grande marge.

GUÉLARD (J.-B,)

131 — Alain-René Lesage, in-8. — Autre, suite de Desrochers. 2 pièces, belles ép., grandes marges.

HABERT

132 — Bossuet, d'ap. Rigaud, in-fol., belle ép.

HENRIQUEZ (B.-L.)

133 — Fénelon, d'ap. De Troy, in-8. Très belle ép. —
Autre, par Daullé. 2 pièces remargées.

HÉRISSET

134 — Saint Vincent-de-Paul dans un entourage, grand
in-8, très belle ép.

HOPWOOD

135 — Fléchier, d'ap. Deveria, in-8, ép. d'essai avant
toutes lettres, avec retouche. — Le même, avant la
lettre, sur chine. 2 pièces, grandes marges.

HUBERT

136 — Fénelon, d'ap. Vivien. Très belle ép. avant la lettre, remargée.

HUE (D.)

137 — Molière, d'ap. Desenne, avec entourage composé de onze scènes de ses Comédies. Très belle ép. avant la lettre, grande marge.

INGOUF

138 — Jolyot de Crébillon, d'ap. La Tour et Marillier. Très belle ép., marge. — Autre in-12, par St-Aubin, toutes marges. 2 pièces.

139 — Jean de Lafontaine, d'ap. Rigaud, in-12, belle ép. remargée. — Autre, gravé en contre-partie avant toute lettre. 2 pièces.

140 — J.-B. Rousseau, d'ap. Aved, in-12. Belle ép. Très grande marge.

141 — Xénophon, d'ap. Lebarbier l'aîné, in-8. Très belle ép.

JOHANNOT (Alfred)

142 — Fléchier en pied, d'ap. Deveria, in-8, avant la lettre sur chine, marge in-4. — Le même, avec la lettre. 2 pièces.

JOHANNOT (Tony)

143 — Ninon de Lenclos en pied, d'ap. Deveria, eau-forte pure. — Le même, terminé avant la lettre. 2 pièces in-8 sur chine, marges in-4.

JOHANNOT et autres

144 — Portraits de Femmes célèbres et de personnages du siècle de Louis XIV, d'ap. les Émaux de Petitot, publiés par Blaisot. 21 pièces gr. in-8, dont 7 sur Chine, marges in-4.

145 — Douze Portraits de la même suite, très belles ép. avant la lettre, marges in-4.

146 — Dix Portraits de la même suite. Très-belles ép. avant la lettre, sur grand papier de Chine, marges in-4.

LAMBERT

147 — Le Cardinal de Retz, d'ap. Chasselat, in-8. Très belle ép. avant toute lettre, toute marge. — Le même avec la lettre. 2 pièces.

LANGLOIS (P.-G.)

148 — Fontenelle, d'ap. Voiriot, in-4. Très belle ép., toutes marges.

LE BEAU

149 — Louis XV, avec la vue de la place Louis-Quinze, in-8. Très belle ép., remargée.

150 — Alexandre Pope, d'ap. Kneller et Marillier, in-8. Superbe ép., grandes marges.

LECLERC le jeune

151 — Marie de Combé, première Supérieure des Filles du Bon-Pasteur, in-8. Très belle ép. Très rare.

LECOMTE (H.)

152 — Portraits de La Fontaine, Corneille, Bossuet, Molière et autres, en pied. Lithograph. in-4, coloriés et en noir. 13 pièces.

LEFÉVRE aîné

153 — Marie-Antoinette dans sa prison, d'ap. Desenne, in-8. Vignette tirée des Oraisons funèbres. Très belle ép. d'artiste avant la lettre, sur Chine, marge in-4.

LEGUAY (E,)

154 — Mme de Sablé, in-8. Belle ép. avant la lettre. marge in-4. Rare.

LEROUX

155 — La Bruyère, in-8. Très belle ép. avant la lettre. — Le même, avec la lettre remargé. 2 pièces.

156 — Blaise Pascal, in-8. Très belle ép. avant la lettre, grandes marges.

LEROY (J.)

157 — Henri IV, d'ap. Ferdinand, in-12. — Autre, in-8, par De Marcenay. 2 pièces, toutes marges.

LIGNON

158 — Boileau, d'ap. Rigaud, in-8. Très belle ép. sur chine avant toutes lettres.

159 — Molière, d'ap. Fragonard, in-8. Très belle ép. sur papier de Chine, grande marge.

LINGÉE

160 — Fléchier, in-12. Très belle ép., grande marge.

161 — Alain-René Lesage. — Autre, par Delvaux, d'ap. Guélard. 2 pièces, in-12. Très belles ép. dont une remargée.

LITTRET (C.-A.)

162 — Favart, d'ap. Liotard, in-8. Belle ép., toute marge.

163 — Montesquieu. Frontispice allégorique, d'ap. de Sève. Très belle ép. — Autre, par Lingée, in-8, remargé. 2 pièces.

MAILLET (J.)

164 — Demosthènes, d'ap. Monnet. Très belle ép., grandes marges.

MASQUELIER

165 — Mme de Grignan, d'ap. Mignard, in-8, lettres tracées, remargée. — Le même, avec la lettre, toute marge. 2 pièces.

166 — Mme de Sévigné, d'ap. Petitot. In-12, toute marge.

167 — Pauline de Grignan, marquise de Simiane. — Roger de Rabutin, comte de Bussy. 2 pièces in-8, toutes marges.

MASSARD (A.)

168 — Jean Racine, d'ap. Mehu, in-8, avant la lettre. — Autre, par Bertonnier, d'ap. Deveria, lettre grise. 2 pièces, très belles.

MASSARD (L.)

169 — Mme de Maintenon, en veuve, in-8, très belle ép. avant toutes lettres. — La même, avec la lettre. 2 pièces, grandes marges.

MÉCOU

170 — Mme de Maintenon, d'ap. de Troy, in-8. Très belle ép. avant toutes lettres. — Le même, avec la lettre. 2 pièces.

171 — Malebranche (Nicolas), d'ap. Santerre, in-8. Très belle ép. avant la lettre, sur chine. — Autre, avec la lettre. 2 pièces.

172 — Saint Vincent-de-Paul, d'ap. Simon, avant la lettre, sur chine. — Autre, par S. T., 1828, avant la lettre. — Autre, par Oudet, avant toute lettre. — Autre, lithogr. sans lettre. 4 pièces in-8.

NANTEUIL

173 — Charles-Maurice Letellier (R. D. 133). Très belle ép. collée.

PAUQUET et DUPRÉEL

174 — Bossuet, en pied. Eau-forte pure, grande marge — Le même, terminé par Dupréel. Très belle ép. avant la lettre, grande marge. 2 pièces.

POLLET

175 — Molière, in-8 à claire-voie, non terminé, avant
toute lettre. — Autre, terminé avec la lettre. Deux
pièces.

176 — Massillon. Très belles ép. sur chine et sur blanc.
— Autre, par Tardieu, sur chine et sur blanc.
4 pièces.

PONCE (N.)

177 — Florian dans un fleuron, d'ap. Eisen. Très belle
ép., hors texte, remargée.

178 — Poquelin de Molière, d'ap. Lafitte, avec une
scène en bas. Très belle ép. in-8, remargée.

179 — Portraits de Molière, Racine, Corneille, Boileau
et autres, d'ap. Marillier, tirés des Illustres Français.
11 pièces, très belles ép.

POURVOYEUR

180 — Louis XVI dans sa prison, d'ap. Desenne.
Vignette tirée des Oraisons funèbres, ép. d'essai non
terminée. — Le même, ép. d'artiste avant la lettre
sur chine, marge in-4. 2 pièces.

RIBAULT (J.-F.)

181 — Jean de La Fontaine, d'ap. Rigaud. — Autre, par
Courbe. — Autre, sans noms d'auteurs. 3 pièces,
belles épreuves.

182 — J.-B. Rousseau, d'ap. Aved, in-8. Très belles ép.
sur Chine et sur blanc. 2 pièces.

ROGER (B.)

183 — Anne d'Autriche, in-8 avant la lettre sur chine,
marge, in-4. — Fouquet, avant la lettre, marge,
in-4. — Le prince de Bourbon Conty. — Le duc
d'Enghien. Eaux-fortes pures, remargées. 4 pièces.

184 — Bossuet, tourné à droite, et autre tourné à gau-
che. 2 pièces avant la lettre, toutes marges.

185 — Le Grand Dauphin, in-8. Eau-forte pure. — Le
même, avec la lettre. —Le duc de Vendôme, eau-
forte pure. 3 pièces.

186 — Fénelon, in-8, avant la lettre, toute marge. —
Autre, avec la lettre. 2 pièces.

187 — Mme de Grignan, d'ap. Mignard, in-8. Ép. non
terminée avant la bordure et la fleur dans les che-
veux, remargée. — Le même portrait, avec la lettre,
toute marge. 2 pièces.

188 — Louis XIV. — Marie-Thérèse. — Gaston d'Orléans. — Le Grand Dauphin. — Duc d'Anjou. — Duc
de Bourgogne. — Duc d'Orléans.'— Mme de La Val-
lière. — Mme de Maintenon. — Mlle de Fontanges.
11 pièces in-8, tirées in-4.

180 — Louis XIV, sa Famille et ses Ministres. Trente
portraits, in-8.

190 — Louis XIV et ses principaux Ministres, in-4 car-
tonné, contenant six Portraits et un Frontispice.
Paris, impr. de Firmin Didot, 1823.

191 — Louis XV. — Marie Leckzinska. — Duc de
Penthièvre. — Prince de Conti. — Louis XVI. —
Louis XVIII. — Prince de Condé. — Duc d'Enghien.
— Duc de Berry, — et deux Fleurons de Titres.
13 pièces, magnifiques ép., tirées in-4 sur chine, de
la grandeur du papier.

ROGER (B.)

192 — Louvois. — Colbert. — Michel Letellier. — Le
Grand Condé. — Comte de Toulouse. — Duc du
Maine. — Duc de Berry. — Duc de Bourgogne. —
Gaston d'Orléans. — Anne d'Autriche. — Mme de
Montespan. — Mlle de Fontanges. — Mme de Mainte-
non, — et Louis XIV. 20 pièces ovales, et à claire-
voie, très belles ép., lettres grises, marges in-4.

193 — Massillon, in-8, avant la lettre, toute marge. —
Le même, avec la lettre. 2 pièces.

194 — Mme de Sévigné, d'ap. Mignard, in-8. Belle ép.
non terminée avant la bordure et avant le voile,
remargée. — Le même portrait avant la lettre. —
Le même avec la lettre. 3 pièces.

RUOTTE

195 — J.-J. Albouy d'Azincourt, d'ap. Bouton. Belle ép.

SAINT-AUBIN (Aug. de)

196 — Bossuet, in-8. Très belle ép., tirée avec un
cache, grande marge. — Le même, avec la lettre,
très belle ép. 2 pièces.

197 — Colbert. — Le grand Condé. — Turenne. 3 pièces
in-8, très belles ép., marges in-4.

198 — Pierre Corneille, in-8 et in-12. — Th. Corneille,
in-12. 3 pièces.

199 — Fénelon, in-8. Très belle ép.. marge in-4.

200 — M. de Grammont, in-8, à claire-voie, lettre grise,
toute marge.

SAINT-AUBIN (Aug. de)

201 — Homère, in-18 et in-8. 2 pièces, belles ép., grandes marges.

202 — J. de La Fontaine, in-8. Très belle ép., marges in-4.

203 — Languet de Gergy, ancien curé de Saint-Sulpice. Très belle ép., marge.

204 — Alain-René Lesage, in-12. Très belle ép.. marge in-4.

205 — Louis XIV, Louis XV, Mme de Maintenon, Mme de Lavallière, Mme de Montespan, Anne d'Autriche, Mlle de Montpensier, le Grand Condé, Mazarin et Colbert. 15 pièces, très belles ép.

206 — Molière, in-8. Très belle ép., marge in 4.

207 — Michel de Montaigne, in-4. Marge in-fol.

208 — Montesquieu, in-12, très belle ép. — Autre. in-8, grande marge. 2 pièces.

209 — Montpensier (Mlle de), in-8, à claire voie, lettre grise. — Le même, avec la lettre. 2 pièces, toutes marges.

210 — Ninon de Lenclos, in-12, lettre grise sur chine volant, — et deux autres in-8. 3 pièces.

211 — Blaise Pascal, in-8, très belle ép., marge in-4.

212 — Jean Racine, in-8, lettre grise, remargé. — Le même, avec la lettre. 2 pièces.

213 — Mme de Sévigné, in-8. Belle ép. tirée avec un cache. — Le même. avec la lettre. 2 pièces.

SAVART (P.)

214 — Boileau Despréaux, d'ap. Rigaud, in-8. Belle ép. remargée.

215 — Bossuet, d'ap. Rigaud. Très belle ép. sur papier de chine, toutes marges.

216 — Catinat. — Colbert. — Le grand Condé. — Mme Deshoulières. — Louis XIV. — Cardinal de Richelieu. 6 pièces.

217 — Mme Deshoulières, d'ap. Elis. Soph. Chéron. Très belle ép., grandes marges.

218 — Fénelon, d'ap. Vivien. Belle ép., barrière de Fontarabie, remargée.

219 — Fénelon, d'ap. Vivien. Belle ép., grande marge.

220 — Jean de la Bruyère avec quatre vers. Belle ép. remargée. — Autre portrait du même, sur papier de chine, grande marge, 2 pièces.

221 — Montesquieu. Très belle ép. remargée. — Le même, tirage moderne. 2 pièces.

222 — Rabelais, d'ap. Sarrabat, in-8. Belle ép. sur chine.

SCHMIDT (C.-F.)

223 — Mme de Sévigné, d'ap. Ferdinand, in-8. Très belle ép. avec l'adresse d'Odieuvre, grande marge.

SERGENT (D'après)

224 — Fénelon. gr. par Mme de Cernel, in-4. Très belle ép., toutes marges.

SIMONET (Adr.)

225 — Mlle Clairon, in-8. Très belle ép., eau-forte pure, marge in-4.

226 — Marie-Antoinette. d'ap. Carolus, gr. in-8. Très belle ép. sur chine volant.

227 — Molière, d'ap. Coypel, avec scène en bas où il est représenté [avec sa servante. Eau-forte pure sur Chine, grande marge. — Le même portrait, terminé par Dequevauviller avec la lettre, remargé. 2 pièces.

SISCO

228 — Saint François de Sales, in-8, avant la lettre. grandes marges. — Autre, par Delvaux, in-12, remargé. 2 pièces.

SIXDÉNIERS

229 — Mlle de Lavallière, d'ap. Deveria, in-8, eau-forte pure. — La même, avant la lettre sur chine, la tablette blanche. 2 pièces, marges in-4.

230 — J.-B.-P. Molière, d'ap. Coypel. Belle ép.

TARDIEU (Ambr.)

231 — Aristophane, Horace et Socrate. 6 pièces avant et avec la lettre.

232 — Cicéron, avant et avec la lettre. — Démosthènes avant et avec la lettre. Théophraste, avant la lettre, sur chine, et avec lettre. 6 pièces, grandes marges.

233 — Mme Dacier, avant et avec la lettre. — La Comtesse de Caylus. 3 pièces, grandes marges.

TARDIEU (Ambr.)

234 Francklin (Benjamin); in-8, avant toutes lettres, marge in-4.

235 — Gui du Faur, seigneur de Pibrac, avant toute lettre. — Le même, avec la lettre, sur chine. — L'Écluse, avant toutes lettres. — Claude de Lorraine, 1er duc de Guise, avant et avec lettre. 5 pièces, grandes marges.

236 — Humboldt. — Le même personnage plus âgé, 2 pièces in-8, avant toutes lettres, marges in-4.

237 — Lemontey, avant toutes lettres. — François de Nantes, avant et avec la lettre. — et deux autres avant la lettre. 5 pièces, marges in-4.

238 — Thénard, chimiste. — Vauquelin. 2 pièces in-8, avant toutes lettres, marges in-4.

239 — Marguerite de Valois. in-8, avant la lettre, marge in-4. — La même, avec la lettre. 2 pièces.

TARDIEU et autres

240 — Portraits de Poètes, Orateurs et Philosophes de l'Antiquité. 38 pièces.

241 — Portraits de Personnages modernes. — Autres, en pied, tirés du Plutarque français, avant et avec la lettre. 27 pièces.

TAVERNIER

242 — Ninon de Lenclos, d'ap. Devéria, in-8, eau-forte pure. — La même, avant la lettre sur chine, la tablette blanche. 2 pièces, marges in-4.

TRIÈRE

243 —Fénelon, d'ap. Vivien. Très belle ép. avant la lettre. — Le même, avec la lettre. 2 pièces remargées.

TROUVAIN (A.)

244 — Le P. La Chaise, Confesseur de Louis XIV. Très belle ép. in-8. — Le même, par Pinssio, avec l'adrésse d'Odieuvre. 2 pièces, belles ép., grandes marges.

VACHEZ (Del. et sculp.)

245 — Voltaire, en pied, l'homme unique à tout âge, in-4, marge. — Le même, remargé. 2 pièces.

VANGÉLISTY, 1776

246 — Armand de Bourbon, prince de Conty, in-8. Très belle ép. remargée.

VAN SCHUPPEN

247 — J.-L. de Fromentières, évêque d'Aire. Ép. avant le nom dans la tablette, remargée. — Le même, avec la lettre, grande marge. 2 pièces.

VARIN (A.)

248 — Molière. d'ap. Monnet, in-12. Très belle ép., grande marge.

VOYEZ (N.-J.)

249 — Mlle de Lavallière en Madeleine, d'ap. Lebrun, grand in-8, belle ép.

PORTRAITS

PAR NOMS DE PERSONNAGES

250 **Aiguillon** (la duchesse d'), par Perrot fils, d'après Deveria, in-8, tiré des Oraisons funèbres, eau-forte pure. — Le même portrait, lettres grises sur chine, grandes marges. 2 pièces.

251 **Anne d'Autriche**, par Desrochers et par Schmidt. 2 pièces in-8, marges.

252 — par Montcornet, in-8. — Autre par le même. — Autre chez Mariette. 3 pièces, très belles épreuves, remargées.

253 **Arnauld** (Angélique), abbesse de Port-Royal, par Desrochers, belle épreuve, marge. — La même chez Daumont. — Catherine Agnès Arnauld, chez Crépy. Belle épr., marges. 3 pièces.

254 **Arnauld** (Antoine), d'après Ph. de Champagne, par Simonneau, Dupin et Habert. 4 pièces, belles épr., remargées.

255 — Robert Arnauld, Henri Arnauld, Angélique et Catherine Arnauld. 6 petits portraits en buste posés sur socle.

256 **Arnaud** (Henry), évêque d'Angers, gr. par Desrochers. Très belle épreuve, grandes marges.

257 **Barrême**, arithméticien, in-8, chez Daumont. Très belle épreuve, grandes marges.

258 **Bassompière** (François, seigneur de), chez Daret, gr. marges.

259 **Beaufort** (François de Vendôme, duc de), chez Daret, gr. marges.

260 **Béjart** (Armande, Mme Molière). Portrait in-8 à l'eau-forte, sans aucune lettre, publié par Barraud. 4 épr. sur chine et sur papiers rose, bleu et jaune.

261 **Biron** (Armand de Gontaut), chez Daret, grandes
marges.

262 **Bitaubé**. Très belle épreuve avant toutes lettres,
ovale in-8, toutes marges.

263 **Boileau**, par Manceau, in-12. — Par Soliman, in-8
etautre. 3 pièces avant la lettre.

264 — par Petit, d'après Deveria, in-8, eau-forte pure.
— Le même sur chine avant la lettre. 2 pièces.

265 — par C. Roy, in-8. Très belle épreuve avec l'adresse
d'Odieuvre, grandes marges.

266 — par Savart, in-8, et la copie par Hopwood. 2 pièces.

267 — par Soliman, d'après Rigaud, in-8, eau-forte pure
et terminée sur chine. 2 pièces.

268 — par Walker, in-8. — Par Desrochers. 2 pièces,
très belles épreuves, grande marge.

269 — par Voysard, Desrochers, Lebeau, Saint-Aubin et
autres. 48 pièces.

270 **Bossuet,** par Bertonnier, Pourvoyeur et Hopwood.
3 pièces in-12, avant la lettre.

271 — par Cathelin, in-8, et par Gaucher. 2 pièces toute
marge.

272 — par Desrochers, in-8, grandes marges.

273 — par Garnier, d'après Rigaud, in-8, tiré des Oraisons funèbres. Très belles épreuves, lettres grises
sur chine et sur blanc. 2 pièces, marges in-4.

274 — par Hopwood, d'apr. Desenne, in-8, avant la
lettre sur chine, gr. marge.

275 — par Lebeau. — Chez Mondhare. — Par De Lon-
gueil. 3 pièces, belles épreuves, toutes marges.

276 — par Alex. Massard, in-8, avant toute lettre. —
Par Pourvoyeur, en pied, assis, in-12, avant la lettre,
avec retouches, toutes marges. 2 pièces.

277 — en pied, par Pigeot, d'après Rigaud. Très belle
épr. avant la lettre, marge.

278 **Bossuet**, par Roy, d'après Rigaud. Très belle épreuve, avec l'adresse d'Odieuvre, grandes marges.

279 **Bossuet, Bourdaloue**, par Couché, Fauchery, Roger, Geoffroy, Delvaux, Saint-Aubin, Cathelin et autres. 95 pièces.

280 **Boucherat**, chancelier de France, par Hainzelman, in-12. — Autre par N. Chasteau, gr. in-8. 2 pièces.

281 **Bourdaloue**, par Dequevauviller, d'après Jouvenet, in-8, tiré des Oraisons funèbres. Très belle épreuve avant toutes lettres la tablette blanche. — Le même, lettres grises. 2 pièces, marges in-4.

282 **Bourgogne** (Louis duc de), par Bertonnier, d'après de Troy, in-8, tiré des Oraisons funèbres. Très belle épreuve eau-forte pure. — Le même, lettres grises sur papier de Chine. 2 pièces, marges in-4.

283 — in-8, avant la lettre. — Le même avec la lettre. — C.-V. de Bavière, Dauphine de France, in-8, avant la lettre. — Le même avec la lettre. 4 pièces publ. par J.-J. Blaise.

284 **Brantôme**, in-8. Belle épreuve avec l'adresse d'Odieuvre, gr. marges.

285 **Broüe** (Pierre de la), évêque de Mirepoix, chez Crépy. Très belle épreuve, marge. — Autre par Duflos. — Autre chez Desrochers. 3 pièces.

286 **Bussy-Rabutin**, par Gaillard, d'après Lefebvre, avec l'adresse d'Odieuvre, grande marge.

287 **Calmet** (dom), chez Desrochers, toute marge. — J. Duverger de Hauranne, abbé de Saint-Cyran, chez Langlois. 2 pièces in-12.

288 **Catinat** (Nicolas de), par J.-G. Wille, avec l'adresse d'Odieuvre. — Autre chez Daumont. 2 pièces, belles épreuves.

289 **Caumont de la Force** (Jacques Nompar de), maréchal de France, chez Daret. Belle épr., gr. marges.

290 **César** (Jules). Très joli portrait sans noms d'auteurs gravé au XVIIIᵉ siècle, in-8, grande marge. — Autre moderne, in-8, au-dessus d'une tablette où il est représenté écrivant, épreuve non terminée. — Le même avant toutes lettres sur chine. 3 pièces.

291 **Charles Iᵉʳ**, roi d'Angleterre, par Montcornet, Daret, chez Daumont et par Smith. 4 pièces in-8, belles épreuves, 3 sont remargées.

292 **Chevreuse** (Marie de Rohan, duchesse de), par Daret, in-8, grande marge. — Autre par Gaitte. — Autre par Balechou. 3 pièces.

293 **Choart de Buzenval** (Nicolas), évêque de Beauvais, in-4, chez Jollain. — Autre gravé par Desrochers, grande marge. 2 pièces.

294 **Christine de Suède**, chez Daumont. — Autre chez Daret. 2 pièces, belles épreuves, marges.

295 **Cinq-Mars** (Henri-Ruzé d'Effiat, marquis de). — Antoine Ruzé, marquis d'Effiat, chez Boissevin. 2 pièces, grandes marges.

296 **Colbert** (Ch. Joach.), évêque de Montpellier, in-8, chez Crépy. — Par Balechou avec l'adresse d'Odieuvre. — Par Yver, in-4. 3 pièces, marges.

297 **Colbert** (Jean-Baptiste), par Larmessin. — Autre chez Daumont. — Autre par Pinssio — et par Dupin, d'après Champagne, remargé. 4 pièces.

298 **Colbert** (J.-B. de Seignelcy, fils du grand), par Desrochers, gr. marge. — J.-B. Colbert, marquis de Torcy, chez Daumont, remargé. 2 pièces.

299 **Coligny** (Gaspard de), duc de Châtillon. — Gaspard III, comte de Coligny, chez Daret. 2 pièces, grandes marges.

300 **Condé** (Henri de Bourbon, **2ᵐᵉ** prince de). — — Charlotte-Marg. de Montmorency, princesse de Condé. chez Daret. — 2 pièces, grandes marges.

301 **Condé** (le grand). chez Montcornet. — Autre par Larmessin. — Claire-Clémence de Maillé Brézé, princesse de Condé, par Daret. 3 pièces, belles épreuves.

302 — chez Daumont. — Autre par Lefebvre avec l'adr. d'Odieuvre. 2 pièces in-8, marge.

303 — par Req.eva.viller, d'après Nanteuil, in-8, tiré des Oraisons funèbres, eau-forte pure. — Le même, lettres grises. 2 pièces sur chine, grandes marges.

304 — et personnages de la famille de Louis XIV. 76 Portraits anciens et modernes.

305 **Conty** (Armand de Bourbon. prince de), par Montcornet. — Autre chez Daumont. — Autre par Daret. 3 pièces in-8, belles épreuves.

306 **Conty** (L.-Fr. de Bourbon, prince de). chez Petit. in-8, grandes marges.

307 **Conty** (Anne-Marie Martinozzi, princesse de). par Larmessin, in-8. — Très belle épreuve, grande marge.

308 **Cook** (le capitaine). Très belle épreuve in-8, avant toutes lettres, marges. Rare.

309 **Corneille** (Pierre), natif de Rouen, in-8, ancien portrait sans noms d'auteurs. — Autre in-8 chez P. Mariette. 2 pièces.

310 — par Delvaux. Ingouf et Voyez. — Thomas Corneille, par Delvaux. 4 pièces in-12.

311 — par Massard, avant la lettre. — Par Delaistre. d'après Deveria. avant la lettre. — Par Wedgwood. avant la lettre — et copie par P. Adam. 4 pièces.

312 — en pied, in-8, par Pourvoyeur, d'après Desenne. avant la lettre sur chine volant. — Le même, avec la lettre, imprimé en couleur. 2 pièces.

313 **Corneille** (Pierre): Je ne dois qu'à moi seul toute ma renommée; in-12, remargé, belle épreuve.

314 **Corneille** (Pierre et Thomas), par B. Picart. — Autres chez Crépy. 4 pièces.

315 — par Desrochers, Saint Aubin, Macret, Bertonnier, Hopwood et autres. 60 pièces.

316 **Coulanges** (l'abbé de), in-8, chez Blaise. Très belle épr., lettres tracées, toute marge. — Le même portrait avec la lettre. 2 pièces.

317 **Coulanges** (Mme de), chez Blaise, in-8. Épreuve, avant toutes lettres, non terminée.

318 — Le même portrait. Très belle épreuve avant toute lettre, pliée. — Le même avec la lettre. 2 pièces.

319 **Crébillon** (Jolyot de). par Delvaux, Delignon et Ingouf. 4 pièces in-12. Belles épreuves remargées.

320 — par Hopwood, avant la lettre. — Autre chez Ménard et Desenne, lettre grise. 2 pièces.

321 — par Walker. — Autre par Duhamel. 2 pièces in-8, marges.

322 — par Fiquet, Hopwood, Bonneville, Ingouf et autres. 16 pièces.

323 **Cromwell** (Olivier), par J.-G. Wille, avec l'adresse d'Odieuvre. — Autre chez Boissevin. — Autre par Warren. — Autre par H. Dupont, d'après P. Delaroche. 4 pièces.

324 **Cusance** (Béatrix de), comtesse de Cantecroix, chez Daret, grandes marges.

325 **Descartes** (Réné), par Dupin, avec l'adresse d'Odieuvre. — Autre chez Crépy. — Autre par Schooten. 3 pièces, marges.

326 **Dubois** (Guillaume, cardinal), archevêque de Cambrai, chez Daumont, grandes marges.

327 **Duguay-Trouin**, par Petit, in-8. Très belle épr. avec l'adresse d'Odieuvre, grandes marges.

328 **Eugène** (le Prince), par Dupin, chez Esnault et Rapilly. — Autre chez Daumont. — 2 pièces, très belles épr., grandes marges.

329 **Fénelon**, par Cook, in-8, remargé. Autre sans noms d'auteurs, grande marge. — Autre par Tardieu, sur chine et sur blanc. 4 pièces.

330 — gravé par Delanaux, d'après Vivien, in-4. Très belle épreuve avec six vers manuscrits en bas.

331 — en pied, assis, par Gelée, d'après Desenne, in-8, eau-forte pure. — Le même avant la lettre. — Le même avec lettre. 3 pièces.

332 — par Jehotte, d'après Deveria, avant la lettre sur chine. — Le même, terminé par Dequevauviller, avec la lettre. 2 pièces.

333 — par Jehotte, ovale in-8, avant la lettre sur chine. — Le même avec la lettre. 2 pièces.

334 — par Tardieu, d'après celui de Ficquet. Très belle épreuve remargée. — Autre par Cathelin. 2 pièces.

335 — 4 Frontispices in-8, avec le portrait de Fénelon. Belles épreuves.

336 **Fénelon**, par Lebeau, Cathelin, Ethiou, Macret, Leroux, Pourvoyeur, Saint-Aubin et autres. 02 pièces.

337 **Ferronnière** (La belle), in-8, Victor Dogué aqua forti. Très belle épr., marge in-4.

338 **Fléchier**, évêque de Nîmes, par Bertonnier, d'après Rigaud, in-8, tiré des Oraisons funèbres. Très belle épreuve, eau-forte pure. — Le même terminé avant toutes lettres, la tablette blanche. 2 pièces, grandes marges.

339 — d'après Rigaud, par Marlié Lépicié avec l'adresse d'Odieuvre. — Le même, l'adresse effacée. 2 pièces, grandes marges.

340 — par Roger. avant la lettre, remargé. — Le même
avec la lettre, sur chine et sur blanc. 3 pièces.

341 — Massillon. par Lingée, Nargeot, Tardieu, Bertonnier et autres. 51 pièces.

342 **Fleury** (Cardinal de), par Roy. Belle épreuve avec
l'adresse d'Odieuvre, gr. marges.

343 — par Boilly. d'après Rigaud, in-8, tiré des Oraisons
funèbres. Très belle épreuve, lettres grises, marge
in-4.

344 **Fleury** (Claude), confesseur de Louis XV, par
Sornique, — chez Desrochers, — chez Crépy, —
chez Daumont. 4 pièces, belles épreuves, grandes
marges.

345 **Florian,** par Simonet jeune. 1823, eau-forte pure,
in-8, grande marge.

346 **Fontanges** (Mlle de), in-8, ovale, avant la lettre et
l'entourage. — Le même avec la lettre. 2 pièces.

347 **Fontenelle** (Bernard de), par Desrochers, in-8, très
belle épr.. marges.

348 **Fouquet.** in-8, chez Blaise, avant la lettre. — Le
même avec la lettre. 2 pièces, toutes marges.

349 **Frédéric** (le Grand), in-8, avant toutes lettres, sur
chine. marge in-4.

350 **Gassion** (Jean de), maréchal de France, chez Daret,
grandes marges.

351 **Grammont** (Antoine de). Maréchal de France, chez
Daret. Belle ép., grande marge.

352 **Grignan** (Mme de). D'après Mignard, in-12, avant la
lettre, remargée. — Mme de Sévigné, par Dequevauviller, in-12, avant la lettre, grande marge. 2 pièces.

353 — Pomponne, Cardinal de Retz, Grammont,
Mme Vence de Saint-Vincent, et autres. 43 pièces.

354 **Guébriant** (Le comte de). Maréchal de France, — chez Daret. Belle ép., grandes marges.

355 **Guénégaud** (Henry de), par Montcornet. — Le même chez Boissevin. 2 pièces, belles ép., remargées.

356 **Marcourt** (Henri de Lorraine comte d'), par Daret, Fiquet et Montcornet. 3 pièces, une est remargée.

357 **Henri IV**, par Fr. Janet, d'ap. Porbus, in-12, avant la lettre. — Autre, in-8, par Guyard, d'ap. Deveria, avant toutes lettres. 2 pièces.

358 — par Saint Aubin. — Autre par Tardieu, d'ap. Porbus. — Autre par Cathelin, d'ap. Cochin. 4 pièces.

359 — par Saint Aubin, Dupuis, Cathelin et autres. 32 pièces.

360 **Henriette d'Angleterre**, in-8, chez Boissevin. — Autre par C. M. Dien. 2 pièces.

361 **Henriette de France**, par Bertonnier, d'ap. Vanderwerf, in-8, tiré des Oraisons funèbres, très belles ép., lettres grises, sur chine et sur blanc, marges in-4.

362 **Jansénius**, évêque d'Ypres, par Desrochers. Belle ép., marges.

363 — Le même personnage, in-12, remargé. très rare.

364 **Jeanne d'Arc**, par Toussaint Caron, d'ap. Desenne, eau-forte pure. — Le même portrait, avant la lettre. sur chine. 2 pièces, très belles.

365 **Joyeuse** (Louis de Lorraine duc de), chez Montcornet. Belle ép., remargée.

366 **La Bruyère**, gravé par Desrochers. — Autre par Marlié Lepicié, avec l'adresse d'Odieuvre, grande marge. 2 pièces, in-8.

367 — La Rochefoucauld, par Saint Aubin, Desrochers, Bovinet, Bertonnier et autres. 42 pièces.

368 **La Fontaine**, en pied, par Burdet, d'ap. Desenne, avant la lettre. — Le même, avec la lettre. 2 pièces.

369 **Lafontaine**, par Collyer, sans marge. — Autre, par Dupin, très belle ép., marge. 2 pièces in-8.

370 — par d'Elvaux. — Autre, par David et Varin. 2 pièces in-12, remargées.

371 — par Dupin, d'ap. Rigaud, très belle ép. avec l'adresse d'Odieuvre. — Autre avec l'adresse effacée. 2 pièces, grandes marges.

372 — par Hopwood, in-8 avant la lettre. — Le même, avec la lettre. 2 pièces.

373 — par Macret, d'ap. Fiquet, in-8. — Autre sans nom de graveur. — Autre in-12, par Lachaussée. 3 pièces.

374 — par H. C. Muller, d'ap. Deveria, avant la lettre, sur chine. — Le même avec la lettre. 2 pièces.

375 — par Philips. — Autre par Duflos. — Autre chez Crépy. 3 pièces, belles ép., 2 sont remargées.

376 — par B. Picart, d'ap. Rigaud. — Autre gravé par Huot. 2 pièces in-8, remargées.

377 — par Saint Aubin, in-8 et in-12. 2 pièces, belles épreuves.

378 — par Ambr. Tardieu, d'ap. Rigaud, in-8, avant la lettre. — Le même avec la lettre. 2 pièces sur chine.

379 — six Frontispices, in-8 et in-12, pour ses œuvres.

380 **Lafontaine**, par Jehotte, Pauquet, Soliman, Dupin, Desrochers et autres. 49 pièces.

381 **Lamoignon** (Guillaume de). D'après Nanteuil, in-4. Très belle ép. avant toutes lettres, la tablette blanche, marge.

382 — gravé par Allais, d'ap. Nanteuil, in-8, tiré des Oraisons funèbres. Très belle ép., eau-forte pure. — Le même, lettres grises. 2 pièces, marges in-4.

383 **La Rochefoucauld**, par Duponchel, remargé. — Autre par Saint-Aubin, toute marge. 2 pièces in-12.

384 — par Fauchery, d'ap. Deveria, in-8, avant la lettre
sur chine. — Autre par Burdet, avant la lettre sur
blanc. 2 pièces, grandes marges.

385 **Lavallière** (Duchesse de), in-8, par Benoist et Lecœur. — Autre par Bein, in-12, remargé. — Autre
en religieuse, à Paris, chez Savoye, in-8. 4 pièces.

386 — par Alfred Johannot, d'ap. Mignard, in-8, tiré des
Oraisons funèbres. Très belle ép., eau-forte pure sur
chine, grande marges. — Le même, avec la lettre.
2 pièces.

387 — par N. de Larmessin.. — Autre par Chaulet, in-8.
2 pièces.

388 — Mlle de Fontanges, Mme de Montespan, Mme de
Maintenon. 55 portraits, anciens et modernes.

389 **Legras** (Mlle), fondatrice des filles de la Charité, par
Mécou. — Autre par Sisco. — Autre in-12, par G. D. G.
3 pièces.

390 **Leibnitz**, par Lefebvre, avec l'adresse d'Odieuvre.
— Autre chez Daumont. — Autre par C. G. Rasp. —
Autre in-8. 4 pièces, belles ép.

391 **Lemaistre** (Antoine), célèbre avocat, par Desrochers. Très belle ép., grande marge. — Autre in-12,
dessin. — Autre par Tardieu. — Autre lithographié.
4 pièces.

392 **Le Maistre de Sacy**, par Desrochers, remargé. —
Autre par Habert, très belle ép. remargée. — Autre
chez Crépy, toute marge. 3 pièces.

393 **Lesage** (Alain-René), in-12, sans noms d'auteurs,
très belle ép. remargée. — Autre in-8 par Ferdinand,
d'ap. Largillière, sur chine et sur blanc. 3 pièces.

394 — par Saint Aubin, Dupréel, Guélard, Frilley et
autres. 16 pièces.

395 **Lesdiguières** (François de Bonne, duc de), conné-
table de France, chez Daret. — François de Bonne
de Créquy, par Frosne. 2 pièces, belles ép., grandes
marges.

396 **Letellier** (Charles-Maurice), archevêque de Reims,
par Larmessin, in-4. — Autre par Desrochers. —
Autre rogné à l'ovale. 3 pièces, belles ép.

397 — par Dequevauviller, in-8, tiré des Oraisons funèbres, très belle ép., eau-forte pure. — Le même, ép.
d'artiste, avant toutes lettres, la tablette blanche,
signé par le graveur. 2 pièces superbes, marges in-4.

398 **Letellier** (Michel), par Larmessin. — Autre par
Montcornet. 2 pièces, très belles ép.

399 **Lhôpital** (Michel de), in-8, avant toutes lettres. —
La femme de Rubens, avant la lettre. 2 pièces, in-8,
marges in-4.

400 **Lhospital** (François de), comte de Rosnay. —
Nicolas de l'Hospital, marquis de Vitry, chez Daret.
2 pièces, grandes marges.

401 **Locke** (Jean), par Dupin, avec l'adresse d'Odieuvre.
— Autre chez Daumont. 2 pièces, belles ép., grandes
marges.

402 **Longueville** (Henri d'Orléans II, duc de), chez
Daret. Belle ép., gr. marges.

403 — par Montcornet. — Autre comme gouverneur
de Normandie. 2 pièces.

404 **Louis XIV**, par Desrochers, in-8. Très belle ép.,
grande marge.

405 — chez Mariette, par Montcornet, Larmessin, et
chez Boissevin. 4 pièces.

406 — en pied, d'après Rigaud, in-8, eau-forte pure,
avant toutes lettres. — Marie-Thérèse d'Autriche,
in-8, avant et avec la lettre, chez Blaise. 3 pièces.

407 — Marie-Thérèse, 47 portraits anciens et modernes.

408 **Louis** (Grand Dauphin), par Larmessin. — Autre
plus âgé, par le même. — Marie-Thérèse tenant le
Dauphin dans ses bras, par Th. Van Merlen. 3 pièces, grand in-8.

409 — par Gaillard, avec l'adresse d'Odieuvre. — Autre
par Desrochers, in-8. — Autre in-12 sans nom de
graveur. 3 pièces, belles ép.

410 **Louis XV**, étant jeune, par Desrochers. — Autre
plus âgé, chez Crépy. 2 pièces.

411 — par Simonet aîné, d'après Lemoyne, in-8, tiré
des Oraisons funèbres, Très belle ép. avant la lettre,
la tablette blanche, sur chine. — Le même, lettres
grises. 2 pièces, marges in-4.

412 **Louis XVI**, par Dequevauviller, d'ap. Callet, in-8.
tiré des Oraisons funèbres. Superbe ép. avant la
lettre, la tablette blanche, sur chine. — Le même,
lettres grises. 2 pièces, marge in-4.

413 **Louis XVIII**, par Bertonnier, in-8, tiré des Oraisons funèbres. Très belle ép. eau-forte pure. — Le
même, lettres grises. 2 pièces sur chine, marges in-4.

414 **Louvois** (F. M. Letellier marquis de). chez Daumont.
— Autre par Gaillard. — Autre par Desrochers, remargé. 3 pièces.

415 **Luxembourg** (le duc de), maréchal de France,
in-8, par Tardieu, avec l'adresse d'Odieuvre. — Le
même, l'adresse effacée. — Autre in-12 par Duflos.
3 pièces, grandes marges.

416 — gravé par Duflos? Très belle ép. avant toutes lettres, grandes marges. — Le même avec deux vers de
la Henriade, remargé. 2 pièces.

417 — par Dequevauviller, in-8, tiré des Oraisons funèbres. Très belle ép. eau-forte pure. — Le même,
lettre grise, 2 pièces, marges in-4.

418 **Mabillon** (Don Jean), par Gaillard, avec l'adresse
d'Odieuvre. — Autre chez Crépy. — Autre chez
Daumont. 3 pièces, belles ép., grandes marges.

419 **Maine** (Louis-Aug. de Bourbon, duc du), par Desrochers. — Le Duc et la Duchesse du Maine, publ.
par Blaise. 3 pièces.

420 **Maintenon** (Mme de), in-8, par Lépicié, avec
l'adresse d'Odieuvre; — in-8, chez Daumont, — par
Lambert, d'ap. Mignard; in-12, remargée, — par
Benoist; in-8, remargée. 4 pièces.

421 — Mlle de Lavallière, Mme de Montespan, Henriette
d'Angleterre et autres. 43 portraits.

422 **Malebranche** (Nicolas), par Marlié Lépicié, par
Desrochers, chez Crépy, chez Daumont, chez Vallet.
6 pièces, belles ép., plusieurs sont rares.

423 **Malherbe** (François), d'après Dumoustier. — Autre
chez Pierre Mariette. 2 pièces, très belles ép., marges.

424 — par Car. Hulot, in-8, avant la lettre, sur chine et
sur blanc. 2 pièces, grande marge.

425 — par Ingouf, avant la lettre, remargé, — par Bertonnier; avant la lettre, rem. — par Hopwood, avant
la lettre, toutes marges. 3 pièces in-12.

426 — in-12, par Rochard, 1814. Très belle ép. avant la
lettre. — Autre in-8, par Duflos. 2 pièces remargées.

427 — Montaigne, par Ingouf, Audouin, Saint Aubin,
Tardieu, Leroux et autres. 44 pièces.

428 **Marie de Médicis**, par Desrochers. — Autre chez
Daret. 2 pièces, grandes marges.

429 **Marie-Thérèse d'Autriche**, reine de Hongrie,
in-8, chez Daumont, grandes marges.

430 **Marie-Thérèse**, femme de Louis XIV, par Bertonn-
nier, in-8. Tiré des Oraisons funèbres. Très belle ép.,
lettres grises, marges in-4.

431 **Marie Leckzinska,** par Bonvoisin, d'ap. Nattier, in-8, tiré des Oraisons funèbres. Très belle ép. avant la lettre, la tablette blanche. — Le même, lettres grises. 2 pièces, marges in-4.

432 — Petit portrait dans un médaillon, soutenu par la Modestie et la Religion, gr. par Palat, d'après Prévost, in-8, grande marge. Rare.

433 **Marie-Antoinette,** par Bertonnier, in-8, tiré des Oraisons funèbres. Très belle ép. avant la lettre, la tablette blanche, sur chine. — La même, lettres grises. 2 pièces, marges in-4.

434 **Marlborough** (Jean Churchill, duc de), par Pinssio, avec l'adresse d'Odieuvre. — Autre in-8, rare. — Autre in-12. 3 pièces.

435 **Marlborough** (Sarah Jennings, duchesse de), in-8 ayant toutes lettres, grandes marges, rare.

436 **Marot** (Clément), par Sornique, in-8, belle ép., grandes marges.

437 **Massillon,** par Saint-Aubin. — Autre par Simonet. — Louis XIV rencontrant Massillon. — Très petit portrait ovale avant toute lettre. 4 pièces in-12.

438 — en pied, par Touzé, d'après Deveria, in-12, eau-forte pure sur chine. — Le même terminé avant la lettre. 2 pièces.

439 **Mazarin** (le cardinal), par Desrochers, remargé. — Autre par Daret, grande marge. — Autre par Mellan. 3 pièces.

440 — Colbert et autres ministres de Louis XIV. 43 portraits anciens et modernes.

441 **Meilleraye** (Charles de la Porte, marquis de la), in-8, par Daret, toute marge. — Autre par Montcornet. — Autre découpé à l'ovale. 3 pièces.

442 **Mercœur** (Louis de Vendôme, duc de), Pair de France. Chez Daret, grandes marges.

443 **Molière**, par Audran et de Blois d'après Mignard,
in-8. — Autre par Delvaux. — Autre par Ingouf,
in-12. 4 pièces.

444 — par Baratti, d'ap. Coypel, in-8, remargé. — Autre
rond sans noms d'auteurs. 2 pièces, belles ép.

445 — par Desrochers, in-8. — Autre par Audran, d'ap.
Mignard. — Autre in-12. 3 pièces, belles ép. remargées.

446 — par Hopwood, d'ap. Chenavard. Très belle ép. sur
chine, in-8. — Autre par Fiquet, réimpression.
2 pièces.

447 — par Hopwood, avec entourage. Très belle ép.
avant la lettre.

448 — par Larcher, d'ap. Deveria, in-8, avant la lettre,
sur chine. — Le même avant la lettre, sur blanc, plié.
2 pièces.

449 — par Legrand, d'ap. Boucher, in-12, belle ép. remargée. — Autre in-8, chez Esnault et Rapilly,
marge. 2 pièces.

450 — par C. Roy, in-8. Très belle ép. avec l'adresse
d'Odieuvre. — Le même avec l'adresse effacée.
2 pièces, grandes marges.

451 — par Saint Aubin, in-8 et in-12. 2 pièces. Belles
ép., toutes marges.

452 — Très petit portrait dans un entourage, in-32,
avant la lettre, marge in-8. — Le même sur chine
avec la lettre, remargé. 2 pièces.

453 — assis, in-12, sans lettre. — Autre gravé par Por-
ret, d'ap. Tony Johannot, sur chine et sur blanc. —
Autre avec entourage, sur chine. — Autre à l'eau-
forte, in-8. 5 pièces.

454 — par Hulk, Migneret, Tardieu, Fontaine et autres.
35 pièces.

455 **Montaigne**, en pied, assis, par Leroux, d'après Deveria, in-12, eau-forte pure. — Le même, avec la lettre. 2 pièces.

456 — par Revel, in-8, sur papier de chine. — Autre sur papier blanc. 2 pièces, belles ép.

457 — avec entourage, in-8, sans noms d'auteurs. — Autre in-12, par F. N. Martinet. — Autre in-12, sans noms d'auteurs. 3 pièces remargées.

458 — in-8, sans noms d'auteurs. Très belle ép., rare. — Autre in-12, édition Cazin. 2 pièces.

459 **Montbason** (Hercules de Rohan, duc de). — Henry de Rohan, prince de Léon, chez Daret. 2 pièces. Belles ép., grandes marges.

460 **Montespan** (Mme de), par Aubert, avec l'adresse d'Odieuvre. — Autre in-8, remargé. 2 pièces.

461 **Montesquieu**, par Muller. — Autre par Pourvoyeur, sur chine. — Autre par Fauchery. 3 pièces in-8.

462 — par Prévost, avant la lettre. — Autre par Duponchel. — Autre sans noms d'auteurs. 3 pièces in-12, remargées.

463 — Pascal, par Roger. Voyez. Lebeau, Benoist, Lecœur et autres. 40 pièces.

464 **Montpensier** (Mlle de), par Filleul. — Autre chez Daret. 2 pièces in-8, grandes marges.

465 — in-8, chez J. J. Blaise. Très belle ép., lettres tracées, marge in-8. — Le même avec la lettre. 2 pièces.

466 **Motte-Houdancourt** (Philippe de la), maréchal de France, par Montcornet. — Autre in-8. — Autre par Daret, toute marge. 3 pièces. Belles ép.

467 **Napoléon Ier**, en pied, par P. Adam, Robinson et autres. 4 pièces in-8, avant la lettre, dont une à l'état d'eau-forte.

468 **Necker.** Portrait avec scène en bas, éloge de Colbert. petit in-4, en couleur, sans marge.

469 **Nicole** (Pierre), par Gaucher. — Autre par Dupin. — Autre chez Crépy. — Autre chez Daumont. 4 pièces.

470 **Ninon de Lenclos**, par Masquelier. — 2 autres sans noms d'auteurs. 3 pièces, in-12. Belles ép., remargées.

471 — d'après Petitot, in-12, eau-forte pure. — Autre par Coupé, d'ap. Deveria, gr. in-8, sur chine, grande marge. 2 pièces.

472 — par Schmidt. — Le même portrait belle ép. découpé à l'ovale. — Autre par Aubert. — Autre par Pinssio. 4 pièces in-8.

473 **Noailles** (L. A. cardinal de), par Desrochers, Habert, Ravenet et autres. 7 pièces in-8, la plupart remargées.

474 **Orléans** (Philippe d'), frère de Louis XIV, par Montcornet, chez Boissevin, et par Aubert. 3 pièces in-8, marges.

475 **Ovide.** Joli portrait gravé à la fin du xviiie siècle, sans noms d'auteurs. in-8, toutes marges. — Autre plus moderne, grande marge. 2 pièces.

476 **Paré** (Ambroise), par Fiquet, in-8. Belle ép. avec l'adresse d'Odieuvre, gr. marge.

477 **Pascal** (Blaise), par N. de Launay. — Autre par Delvaux. — Autre par Allais avant la lettre. 3 pièces in-12.

478 — par Desrochers. — Autre par Sornique. 2 pièces. Belles ép., avec marges.

479 — en pied. assis, gravé par Guyard, d'ap. Deveria. avant et avec la lettre. 2 pièces.

480 — par Aug. de Saint Aubin, in-8 et in-12. 2 pièces.

481 — in-8, sans noms d'auteurs. Très belle ép., gr. m.

482 **Philippe V**, roi d'Espagne, par Desrochers, in-8, remargé. — Autre chez Daumont, toute marge. — Autre in-12, gr. m. 3 pièces.

483 **Plutarque**, par Dequevauviller et autres. Trois portraits in-8, in-12 et in-32, dont un avant la lettre.

484 **Polignac** (Melchior, cardinal de), chez Daumont, grandes marges.

485 **Portraits** d'acteurs et d'actrices, en couleur et coloriés, par Janinet, Prudhon et autres. 22 pièces in-8 et in-4.

486 — d'acteurs et d'actrices, gravés et lithographiés, plusieurs sont avant la lettre. 18 pièces.

487 — tirés de la Galerie de Versailles. 62 pièces.

488 — de Papes. 370 pièces. Cette collection serait très difficile à former aussi complète.

489 — de personnages célèbres, gravés au trait, collections Pujol et Landon. Environ 195 pièces.

490 **Rabelais** (François), in-8, chez Crépy. Belle ép., marges.

491 — in-8, chez Montcornet. Très belle ép.

492 — en pied, grand in-8, sur chine volant, avant toutes lettres.

493 **Racine**, par Delvaux, Ingouf, et autres. 4 pièces in-12. Belles ép., dont 3 remargées.

494 — par Duflos, d'ap. Santerre. — Autre par Cathelin. — Autre par Yver. 3 pièces. Belles ép.

495 — par Dupin, avec l'adresse d'Odieuvre, marge. — Autre par Petit, remargé. — Louis Racine, avec l'adresse d'Odieuvre, marge. 3 pièces.

496 — par Saint Aubin, in-8 et in-12. 2 pièces. Belles épreuves.

497 — par C. G., d'ap. Santerre, lettres tracées. — Le même avec la lettre. 2 pièces, marges.

498 — par Savart, Gaucher, Dupin et autres. 5 pièces.

499 — par Amb. Tardieu, sur chine et sur blanc. 2 pièces. Belles ép.

500 — par Bonvoisin, Tavernier, Ethiou, Cathelin, Desrochers, Scotin et autres. 53 pièces.

501 **Rantzau** (Josias comte de), maréchal de France, chez Daret, grandes marges.

502 **Regnard**, par Ambr. Tardieu, in-8, sur chine et sur blanc. 2 pièces. Très belles ép.

503 — in-8, sans nom d'auteurs. Très belle ép., grandes marges. Rare.

504 **Retz** (Henry de Gondy cardinal de), chez Daret, grandes marges, et par Desrochers. 2 pièces.

505 **Retz** (Jean-François-Paul de Gondy cardinal de), chez Daret, in-8. Très belle ép., grande marge.

506 — in-8, chez Daumont, belle ép., grande marge.

507 **Richelieu** (Cardinal de), par Sornique, in-8. Belle ép., grande marge.

508 **Rohan-Soubise** (Pierre-Armand-Gaston de), Cardinal-Évêque de Strasbourg, par Desrochers, très belle ép.

509 **Rollin**, par Dequevauviller, d'ap. Coypel, in-8 avant la lettre, grande marge.

510 — dans un entourage, très belle ép. in-8 avant toutes lettres, remargé comme chine.

511 **Rotrou**, poète, in-8. Desrochers, ex. Grande marge.

512 **Rousseau** (J.-B.), d'ap. Auger Lucas. — Autre, par Schmidt. d'ap. Sauvage, avec l'adr. d'Odieuvre. 2 pièces in-8, grandes marges.

513 — par Duflos, d'ap. Aved. — Autre, par G. D. S. 2 pièces in-8, remargées.

514 — par Legrand, d'ap. Aved, in-8, très belle ép. imprimée en bistre, très grande marge.

515 — in-12, par Saint Aubin. — Autre in-8, par Ance-
lin. 2 pièces, très belles ép., toutes marges.

516 — par Ambr. Tardieu, in-8. 2 pièces, très belles ép.
sur chine et sur blanc.

517 — par Dupin, Saint Aubin, Bonneville, Scriven, et
autres. 20 pièces.

518 **Saint-Aignan** (François de Beauvillier, duc de), par
Montcornet, in-8 et in-4. Très belles ép.

519 **Saint-Evremont** (Ch. de Saint-Denis de), par Marlié Lepicié, avec l'adresse d'Odieuvre. Très belle ép.,
grandes marges. — La même, in-12, par Saint Aubin,
toutes marges. 2 pièces.

520 **Santeuil** (Jean-Baptiste), par Desrochers, très belle
ép., marge. — Autre par Sornique. — Autre par
Pitau, in-8. — Autre in-4. 4 pièces, belles ép.

521 **Saxe** (le Maréchal de), par Sornique, — et 2 autres
in-8. — 3 pièces, grandes marges.

522 **Scarron** (Mme), par Laugier, d'ap. Petitot, très belle
ép., remargée.

523 **Schomberg** (Henry de), chez Boissevin. toutes
marges.

524 **Segrais** (Jean Regnault de), par Desrochers, remargé. — Autre, par Mathey, avec l'adr. d'Odieuvre,
— Autre, chez Daumont, grandes marges. 3 pièces.

525 **Séguier** (Pierre), par Ambr. Tardieu, d'ap. Lebrun,
in-8, avant toutes lettres. — Le même, avec la lettre.
2 pièces, marges in-4.

526 **Sévigné** (Mme de), par Fitler, in-8, avant le nom,
grande marge.

527 — en pied, assise, par Ad. Godefroy, d'ap. Ducis. —
Autre portrait en pied, par Mottet, d'ap. Desenne.
2 pièces in-8, avant la lettre sur chine, marges grand
in-8, très belles.

528 **Sévigné** (Mme de) par K. Mackensie, in-8. — Mme de Grignan, par le même. 2 pièces, remargées.

529 — in-8, par Roger. — Mme de Grignan, par le même. 2 pièces, belles ép., grande marge.

530 — par Adrien Simonet, 1823, d'ap. Laguiche, in-8. Eau-forte pure, gr. marge. — Le même portrait, avec la lettre. 2 pièces.

531 — par Monsaldi, Pelletier, Benoist, Chereau, et autres. 46 pièces.

532 **Sévigné** (Henri, marquis de), d'ap. Deveria, par P. Adam, in-8, eau-forte pure. — Le même, avant la lettre sur chine. 2 pièces, très belles ép., marge in-4.

533 **Silvestre de Sacy**, de l'Académie Française, in-8, dessiné à la plume. Signé M. H.

534 **Suyreau** (Marie des Anges), Abbesse de Maubuisson, puis de Port-Royal, chez Crépy, rare. — Autre, chez Daumont. 2 pièces, belles ép.

535 **Talma**. Portrait avec entourage, in-8, ép. d'artiste.

536 **Toulouse** (L. A. de Bourbon, Comte de), par Desrochers. — Autre, par Fiquet, avec l'adresse d'Odieuvre. 2 pièces in-8, marges.

537 **Trémoïlle** (Jos.-Emm. de la), Cardinal-Archevêque de Cambrai, par Desrochers, très belle ép., marges.

538 **Trémoïlle** (Marie de la Tour-d'Auvergne, duchesse de la), chez Pierre Mariette. — Henry de La Tremoille, Ier du nom. — Henry Ch. de La Tremoille, IIe du nom, chez Daret. 3 pièces, belles ép., grandes marges.

539 — **Turenne** (le Vicomte de), chez Pierre Mariette. Belle ép., grandes marges.

540 — par De Marcenay, Saint Aubin, Dupin, chez Esnault et Rapilly. 4 pièces, grandes marges.

541 — par Garnier, d'ap. Nanteuil, in-8, tiré des Oraisons Funèbres, très belle ép., eau-forte pure. — Le
même, avant toutes lettres, la tablette blanche. —
Le même, lettres grises. 3 pièces, gr. marges.

542 **Vauban** (Séb. Le Prestre de), par N. Dupuis, avec
l'adresse d'Odieuvre. — Autre, chez Daumont. 2 pièces, gr. marges.

543 **Vendôme** (Françoise de Lorraine, duchesse de),
chez Boissevin, grande marge.

544 **Vialar** (Félix), Évêque et Comte de Chalon, par Desrochers, très belle ép., grande marge. —Autre, sans
noms d'auteurs, remargé. 2 pièces.

545 **Villars** (Louis-Hector, duc de), Maréchal de France,
par Desrochers, grande marge.—Autre, par Schmidt
avec l'adresse d'Odieuvre. — Autre, par N. Thomas,
remargé. 3 pièces.

546 **Villeroy** (Nicolas de Neufville, Marquis de), chez
Daret, grande marge. — Autre, par Montcornet. —
Autre, coupé à l'ovale, remargés. 3 pièces, belles ép.

547 **Virgile**, par Saint Aubin, Dupréel, et autres. 3 pièces, dont 1 avant la lettre sur chine.

548 **Voltaire**, par Dupin, d'ap. Liotard, très belle ép.
avec l'adresse d'Odieuvre. —Autre, plus âgé. 2 pièces
in-8.

549 — Quatre Portraits, d'ap. celui de Fiquet, par Leroy,
Walker, et autres.

550 — in-8, Copie de celui de Saint Aubin, belle ép. —
Autre, dessiné, par J. M. Moreau, et gravé par P. A.
Tardieu, in-8, toutes marges. 2 pièces.

551 — Cinq Portraits anciens, in-12 dont trois avant la
lettre.

552 — Esquisse d'ap. nature, faite à Ferney en 1769,
in-4, collé. — Autre, gravé à l'eau-forte, croquis
rond équarri. — Autre, en pied, tenant un bâton.
3 pièces, belles ép., rares.

553 — Le Déjeûné de Ferney, gravé par Canot, peint d'ap. nature en 1775, in-8.

554 — Frontispice in-8, par Duflos, d'ap. Desrais. — Le Tombeau de Voltaire foudroyé.—La Justice humaine. — La Justine divine. 4 pièces.

555 — Différents airs en 30 têtes de M. de Voltaire, calquées sur les Tableaux de M. Huber. Deux feuilles petit in-fol., gravées à l'eau-forte, belles ép., rares.

556 — Sous ce numéro, il sera vendu environ sept cents Portraits de personnages célèbres, anciens et modernes. En huit lots.

Vᵉˢ Renou, Maulde et Cock, imprᵉ de la Compagnie des Commissaires-Priseurs, rue de Rivoli, 144.   21853

www.ingramcontent.com/pod-product-compliance
Ingram Content Group UK Ltd.
Pitfield, Milton Keynes, MK11 3LW, UK
UKHW031802170726
13836UKWH00003B/1122